Vente des 15 et 16 Février 1892

ESTAMPES

ANCIENNES

FÉVRIER 1892

M° Maurice DELESTRE
COMMISSAIRE-PRISEUR
27, Rue Drouot, 27

M. Jules BOUILLON
Marchand d'Estampes de la Bibliothèque Nationale
3, Rue des Saints-Pères, 3

CATALOGUE

D'ESTAMPES

ANCIENNES

DES ÉCOLES ALLEMANDE ET FRANÇAISE

DES XVIᵉ ET XVIIIᵉ SIÈCLES

DONT LA VENTE AUX ENCHÈRES PUBLIQUES AURA LIEU

HOTEL DES COMMISSAIRES-PRISEURS, RUE DROUOT, 9

SALLE Nº 4

Les Lundi 15 et Mardi 16 Février 1892

à deux heures précises.

Par le ministère de **Mᵉ MAURICE DELESTRE**, commissaire-priseur,
Rue Drouot, 27

Assisté de **M. Jules BOUILLON**, marchand d'estampes de la Bibliothèque
Nationale, rue des Saints-Pères, 3

PARIS — 1892

CONDITIONS DE LA VENTE

La vente sera faite au comptant.

Les acquéreurs payeront *cinq pour cent* en sus des enchères, applicables aux frais.

M. Jules Bouillon, chargé de la direction de la vente, se réserve la faculté de rassembler ou de diviser les lots.

ORDRE DES VACATIONS

Lundi 15 Février. . . . . Nᵒˢ 1 à 239
Mardi 16   —   . . . .   240 à la fin.

DÉSIGNATION

ESTAMPES

ALDEGREVER (Henri)

1 — L'Histoire de Loth. 1555. Suite de quatre estampes (B., 14-17). Très belles épreuves.

2 — Loth se laisse enivrer par ses filles (B., 17). Belle épreuve.

3 — L'histoire d'Ammon et de Thamar. Suite de sept estampes (B., 22-28). Très belles épreuves.

4 — Le Jugement de Salomon. 1555 (B., 29). Très belle épreuve.

5 — Les Vieillards convaincus de faux témoignage par le jeune David (B., 32). Très belle épreuve.

6 — Dalila. 1528 (B., 35). Superbe épreuve.

7 — Deux pièces de la parabole du mauvais riche (B., 46 et 48). Belles épreuves des copies trompeuses.

8 — Sophonisbe. 1553 (B., 62). Très belle épreuve.

9 — Annibal et Scipion. 1538 (B., 71). Très belle épreuve.

10 — Titus Manlius. 1553 (B., 72). Superbe épreuve.

11 — Les Travaux d'Hercule. 1550. Suite de treize estampes (B., 83-95). Superbes épreuves.

12 — Le Jugement de Pâris. 1538 (B., 98). Superbe épreuve.

13 — Thisbé (B., 101). Belle épreuve.

14 — Thisbé. 1553 (B., 102). Belle épreuve.

ALDEGREVER (Henri)

15 — La Chasteté (B., 120). — La Fortune. 1555 (B., 143).
Deux pièces. Belles épreuves.

16 — Henri Aldegrever, âgé de vingt-huit ans. 1530 (B., 188).
Très belle épreuve.

17 — Un amour qui tient un vase de ses deux mains (B., 209).
Très belle épreuve.

ALTDORFER (Albert)

18 — Judith (B., 1). Superbe épreuve.

19 — Samson (B., 2). Très belle épreuve.

20 — La même estampe. Très belle épreuve.

21 — Dalila (B., 3). Superbe épreuve.

22 — Salomon idolâtre (B., 4). Superbe épreuve.

23 — Repos en Égypte (B., 5). Superbe épreuve.

24 — Crucifix (B., 7). Superbe épreuve.

25 — La Vierge (B., 12). Superbe épreuve.

26 — Saint George (B., 20). Superbe épreuve.

27 — La Religieuse (B., 24). Superbe épreuve.

28 — Hercule déchirant le lion (B., 26). Superbe épreuve.

29 — Hercule portant les deux colonnes (B., 27). Très belle
épreuve.

30 — Hercule et une Muse (B., 28). Belle épreuve.

31 — Mercure (B., 29). Très belle épreuve.

32 — Neptune (B., 31). Superbe épreuve.

33 — Le Triton et la Néréide (B., 39). Superbe épreuve.

34 — Mutius Scevola (B., 40). Superbe épreuve.

35 — La Fable de la Marguerite poétique (B., 43). Très belle
36 épreuve.

ALTDORFER (Albert)

36 — Pyrame et Thisbé (B., 44). Superbe épreuve.

37 — Femme au bain (B., 56). Superbe épreuve.

38 — Femme ailée (B., 58). Superbe épreuve.

39 — Portrait de M. Luther (B., 61). Superbe épreuve.

40 — Le Sacrifice d'Abraham (B., 41, des gravures sur bois).
— L'Annonciation (B., 44). Deux pièces. Très belles épreuves.

41 — La Résurrection (B., 47). Très belle épreuve.

42 — Saint George à cheval combattant contre le dragon (B., 55). Superbe épreuve.

ANONYME (XVIᵉ siècle)

43 — La Charité romaine. Petite pièce de forme ronde. Belle épreuve.

44 — Le Jugement de Pâris. Petite pièce de forme ovale. Très belle épreuve avec marge.

ASSEN (A. Van)

45 — Le petit comte Boruwloski, sa femme et son enfant. In-4. Très belle épreuve. Rare.

BAUDOIN (d'après P.-A.)

46 — Le Fruit de l'amour secret, par Voyez junior. Superbe épreuve avant toute lettre, marge.

47 — Marchez tout doux, parlez tout bas, par P. P. Choffard. Superbe épreuve avec marge.

BEHAM (B.)

48 — L'Avare (B., 38). Superbe épreuve avec marge. Rare.

49 — Le monde comme il va. 1525 (B., 39). Superbe épreuve de la copie.

50 — Portrait de l'empereur Charles V (B., 60). Très rare épreuve avant le chiffre de l'artiste.

BEHAM (B.)

51 — Portrait de l'empereur Ferdinand Ier (B., 61). Belle épreuve.

BEHAM (H.-S.)

52 — La Vierge immaculée. 1520 (B., 17). Belle épreuve.

53 — Jésus-Christ chez Simon le Pharisien (B., 25). Belle épreuve.

54 — Les quatre Évangélistes. Suite de quatre estampes (B., 55-58). Superbes épreuves.

55 — Cimon nourri par sa fille. 1544 (B., 74). Très belle épreuve.

56 — Cléopâtre (B. 77). Très belle épreuve.

57 — Lucrèce (B., 79). Belle épreuve.

58 — Trajan (B., 82). Superbe et rare épreuve avec le chiffre, mais avant la date 1537.

59 — Les Travaux d'Hercule. Suite de douze estampes (B., 96-107). Superbes épreuves.

60 — Les Travaux d'Hercule (B., 96-107). Suite de douze estampes. Superbes épreuves, en partie de premier tirage, avant divers travaux.

61 — Onze pièces de la même suite. Très belles épreuves, en partie de premier tirage, avant divers travaux.

62 — Le Satyre sonnant du cor (B., 111). Superbe épreuve.

63 — Léda. 1548 (B., 112). Superbe épreuve.

64 — Léda. 1548 (B., 112). Très belle et rare épreuve du premier état, avec le mot *compressa* écrit : *compressu*.

65 — Les sept Planètes. Suite de huit estampes, y compris le titre (B., 113-120). Très belles épreuves. Le titre est de la première planche.

66 — La Religion chrétienne victorieuse (B., 128). Très belle épreuve.

BEHAM (H.-S.)

67 — La Force (B., 135). La Tempérance (B., 136). Deux pièces. Très belles épreuves.

68 — Le Triomphe (B., 143). Superbe épreuve.

69 — La Mort surprenant la Femme endormie. 1548 (B., 146). Très belle épreuve.

70 — La Mort et les trois sorcières (B., 151). Superbe épreuve.

71 — Les Noces de village. 1546. Suite de dix estampes (B., 154-163). Superbes épreuves.

72 — Marche des nouveaux mariés de village. Suite de huit estampes (B., 178-185). Très belles épreuves.

73 — Le Paysan au marché (B. 186). — La Paysanne au marché (B., 187). Deux pièces. Belles épreuves.

74 — Le Paysan à la fourche 1542 (B., 188), et son compagnon (B., 189). Deux pièces. Superbes épreuves.

75 — Le Vendeur d'œufs. 1520 (B., 193). Très belle épreuve.

76 — Les trois Soldats et le chien (B., 196). Superbe épreuve.

77 — La même estampe. Très belle épreuve.

78 — La Sentinelle auprès des tonneaux (B., 197). Superbe épreuve.

79 — Le Porte-Enseigne. 1526 (B. 200). Belle épreuve.

80 — Buste de femme. 1518 (B., 204). Très belle épreuve.

81 — Les deux Bouffons (B., 213). Belle épreuve.

82 — Le Bouffon et les baigneurs. 1541 (B., 214). Superbe épreuve du premier état.

83 — La Femme couchée, vue par le dos (B., 215). Très belle épreuve.

84 — Vignette au mascaron. 1544 (B., 228). Superbe épreuve.

BEHAM (H.-S.)

85 — L'Alphabet romain. 1545 (B., 229). Belle épreuve.

86 — Le petit Bouffon. 1542 (B., 230). Très belle épreuve.

87 — Le Mascaron. 1543 (B., 231). Superbe épreuve.

88 — Le Mascaron. 1543 (B., 231). Superbe épreuve. —

89 — Génie tenant un écusson d'armes. 1535 (B., 258). Superbe épreuve.

90 — Autre Génie tenant un écusson d'armes (B., 259). Très belle épreuve.

91 — Les Divinités qui président aux sept planètes (B., 5 des pièces faussement attribuées). Suite de sept estampes. Très belles épreuves. Rares.

BELLA (Stef. della)

92 — Varie figure de Stef. della Bella. Huit pièces. Très belles épreuves.

93 — Scènes militaires polonaises. Onze pièces.

BERGHEM (Nicolas)

94 — La Vache qui pisse (B., 2). Très belle épreuve du premier état, avant l'adresse de F. de Witt.

BENARD (d'après)

95 — La Batteuse de beurre. — La Ménagère. — La Nourrice qui remue l'enfant. — La Nourrice qui ramène l'enfant. Quatre pièces gravées par Cl. Duclos. Belles épreuves.

BERNARD (S.)

96 — Du Garnier (Louis), peintre en miniature. — Hautman, excellent joueur de viole et de luth. Deux portraits in-4°. Belles épreuves.

97 — Kinski (Thérèse, comtesse de), d'après Grassy. In-fol. en manière noire. Superbe épreuve.

BINK (Jacques)

98 — David vainqueur de Goliath. 1526 (B., 5). Superbe épreuve.

99 — La Sorcière frappant le diable. 1528 (B., 58). Belle épreuve.

100 — Saint Jérôme. Petite pièce non décrite, portant le monogramme du maître dans le haut de la gauche. Superbe épreuve.

BLOOTELINGH (A.)

101 — Le fils de Casimir, roi de Pologne, d'après P. Nason. In-folio. Superbe épreuve. Rare.

BOILLY (d'après L.)

102 — L'Amant favorisé. — La Comparaison des petits pieds. Deux pièces faisant pendants, gravées par A. Chaponnier. Belles épreuves.

BOLSWERT (S.-A.)

103 — Retour d'Égypte, d'après Rubens. Superbe épreuve avec l'adresse de Martin van den Enden.

104 — Le Concert, d'après Jordaens. Belle épreuve.

BONINGTON (R.-P.)

105 — Vue générale des ruines du château d'Arlan (Franche-Comté). Épreuve sur chine.

BOREL (d'après)

106 — L'Indiscret, par Dequevauviller. Très belle épreuve.

107 — L'Innocence en danger, par Huot. Très belle épreuve. Marge.

108 — Le voilà fait, par C. Huot. Superbe épreuve avant la dédicace.

BOSSE (Abraham)

109 — Cérémonie observée au contrat de mariage passé à Fontainebleau, en présence de Leurs Majestés, entre Wladislas IV, roi de Pologne, et Louise-Marie de Gonzague, princesse de Mantoue et de Nevers, le 25 septembre 1645 (G. D. 1223). Belle épreuve.

110 — Le Graveur. — L'Imprimeur. Deux pièces. Belles épreuves.

111 — Les Gardes-françaises. Suite de neuf estampes (G. D., 1332-1340). Très belles épreuves.

BOUCHER (d'après F.)

112 — L'Amour modeste. — De trois choses en ferez-vous une. — La Marchande de modes. Trois pièces gravées par Michel, Gaillard et Pasquier. Belles épreuves.

113 — L'Attention dangereuse, par A. F. Dennel. Très belle épreuve.

114 — Cérès. — Femme nue couchée sur des draperies. Deux pièces gravées par Basan et Fessard. Belles épreuves.

115 — Le Départ du courrier. — L'Arrivée du courrier. Deux pièces faisant pendants, gravées par Beauvarlet. Très belles épreuves. Grandes marges.

116 — Le Goûté de l'Automne, par R. Gaillard. Très belle épreuve. Grande marge.

117 — Moulin près de Chatou. — La jeune Bergère. Deux pièces gravées par Basan et Voyez. Belles épreuves.

118 — Vénus couronnée par les amours, gravé aux trois crayons par Demarteau. Très belle épreuve.

119 — Venus se préparant pour le jugement de Pâris, reçoit d'avance la pomme des mains de l'Amour, par de Lorraine. Très belle épreuve.

BREBIETTE

120 — Bacchanales et divinités marines. Sept pièces en forme de frises. Belles épreuves.

BREUGHEL (d'après)

121 — Le Jugement dernier. 1558. Très belle épreuve.

BROSAMER (Hans)

122 — Le Jugement de Pâris (B., 12). Superbe épreuve.

BRY (Th. de)

123 — Judith coupant la tête d'Holopherne. Pièce de forme ronde. Très belle épreuve.

124 — Mars et Vénus à table, servis par plusieurs divinités. Composition ronde dans une bordure ornementée. Superbe épreuve.

125 — Diane et ses nymphes au bain, surprises par Actéon, d'après Heinz. Très belle épreuve.

126 — L'Age d'or, d'après Abraham Bloemaert. Très belle épreuve.

127 — Fonds de coupes avec portraits des Empereurs romains. Suite de quatre pièces. Très belles épreuves. Rares.

128 — Soldats accompagnant un convoi, d'après Beham. Superbe épreuve.

CALLOT (J.)

129 — Le Passage de la mer Rouge (M , 1). Très belle épreuve du premier état.

130 — Le Massacre des Innocents. Première planche (M., 5.) Très belle épreuve du premier état.

CANALE (G.)

131 — Marie-Antoinette, princesse royale de Pologne. In-folio. Belle épreuve.

CARÊME (d'après)

132 — Le Baiser napolitain. — Le Baiser rendu. Deux pièces faisant pendants, gravées par Flipart. Très belles épreuves.

133 — Honny soit qui mal voit. — Honny soit qui mal y pense. Deux pièces faisant pendants, gravées par Hubert. Très belles épreuves.

134 — La petite Thérèse, par J. Couché. Belle épreuve.

CARMONTELLE (d'après L.-C. DE)

135 — La Malheureuse Famille Calas, par Delafosse. Belle épreuve.

136 — *Franklin* (Benjamin), par Née. In-folio. Superbe épreuve avec marge.

137 — Le même portrait. Superbe épreuve avec marge.

CARRACHE (AUG.)

138 — L'Eternité paraissant dans l'Olympe au milieu de plusieurs Nymphes (B., 121). Bonne épreuve.

CARRACHE (d'après AN.)

139 — Diane découvrant la grossesse de Calisto. Belle épreuve.

CAUVET (d'après B.)

140 — Les Victimes de l'amour, par Beljambe et Allix. Très belle épreuve.

CHALLE (d'après M.-A.)

141 — The officious Waiting Woman, par Chaponnier. Epreuve avant la lettre.

CHODOWIECKI (D.)

142 — Frédérique-Sophie-Wilhelmine, princesse de Prusse. In-folio. Très belle épreuve.

CLAAS (Alaert)

143 — David et Goliath (B., 7). Superbe épreuve.

144 — Hercule et Déjanire (B., 26). Belle épreuve.

145 — La vignette à la Mère de deux enfants (B. 47). Très belle épreuve de la copie en contrepartie. Le chiffre est au bas de la droite.

COCHIN (d'après C.-N.)

146 — *Chardin* (Jean Siméon), par Lau. Cars. In-4°. Belle épreuve.

COLLAERT (A.)

147 — Sujets mythologiques, placés dans des ronds entourés de riches ornements grotesques sur fond noir. Cinq pièces. Superbes épreuves. Rares.

COSWAY (d'après R.)

148 — Czartoryska (Izabella), gravé par G. Testolini. In-folio en pied. Très belle épreuve.

149 — Le même portrait. Très belle épreuve avant la lettre.

COYPEL (d'après Ch.)

150 — Suite de vingt-trois estampes in-folio par divers graveurs, pour illustration du *Don Quichotte*. Très belles épreuves. Marges.

CRANACH L. de)

151 — Sainte Catherine (B., 71). Belle épreuve.

DAULLÉ (J.)

152 — *Pélissier* (Mlle), d'après Drouais. In-folio. Belle épreuve.

DAWE (H.)

153 — *Potocki* (le comte Stanislas), d'après G. Dawe. In-folio en manière noire. Belle épreuve.

DEBUCOURT (P.-L.)

154 — L'Incendie. Très belle épreuve.

DELAUNE (ÉTIENNE)

155 — Sujets tirés de l'Ancien Testament. Suite complète de douze estampes dans des formes ovales (R. D., 3-14). Superbes épreuves du deuxième état.

DEMARTEAU

156 — La Petite Laitière, — Deux têtes de jeunes filles. Deux pièces d'après Boucher et Huet. Belles épreuves.

DIETRICY (G.-E.)

157 — La Nativité, — Les Musiciens ambulants. Deux pièces. Très belles épreuves.

DIVERS

158 — *Kosciusko*. Dix-huit portraits différents.

159 — Portraits polonais, — Vues de Venise et sujets divers. Quatre-vingt-treize pièces.

160 — Portraits et sujets des diverses écoles des XVIIᵉ et XVIIIᵉ siècles. Cent cinquante-six pièces.

161 — Sigismond III, roi de Pologne, — Sigismond Ba-thori, etc. Cinq pièces par Sadeler, Ulrich, Scotin et autres.

162 — Rois de Pologne : Wladislas Sigismond, — Sigis-mond III, — Casimir, — Stephanus Bathori, — Ladis-las IV, — Michel-Thomas Koribut, — Henri III, — Stanislas-Auguste, etc., etc. Cinquante-neuf portraits in-8 et in-4.

163 — Vue de Cracovie, — Sujets religieux et historiques re-latifs à la Pologne. Douze pièces.

164 — Portraits des rois de Pologne et autres, par Hondius, Sadeler, Luiken, etc. Trente-cinq pièces.

DIVERS

165 — Portraits de princes et personnages célèbres polonais.
Soixante-douze portraits in-8 et in-4.

166 — Portraits polonais : Le prince Lubomirski, — Le prince
Czartoryski, — Claudine Potocka, — Poniatowski, etc.
22 portraits in-8 et in-4.

167 — Portraits et sujets divers des XVIIe et XVIIIe siècles.
25 pièces.

168 — Portraits et sujets historiques relatifs à l'histoire de
Pologne. Huit pièces.

169 — Portraits de reines et de princesses de Pologne. Dix-sept
portraits in-4 et in-folio.

170 — Sous ce numéro, il sera vendu un fort lot d'estampes
diverses, portraits polonais et photographies.

DREVET (P.)

171 — *Frédéric-Auguste III*, roi de Pologne, électeur de Saxe,
d'après De Troy. In-folio. Très belle épreuve du premier état.

172 — Marie-Clémentine Sobieska, épouse de Jacques III, dit
le premier prétendant, d'après Davids. In-folio. Très
belle épreuve. Rare.

DU JARDIN (Carle)

173 — Les deux Chevaux (B., 4). Très belle épreuve avant le
numéro.

174 — Les Chiens (B., 5). Très belle épreuve avant le numéro.

175 — Les deux Anes (B. 6). Très belle épreuve avant le numéro.

176 — Les deux Hommes et la pierre dans l'eau (B. 10). Très
belle épreuve avant le numéro.

177 — Les quatre Chèvres (B., 13). Très belle épreuve avant
le numéro.

178 — Les quatre Montagnes (B., 18). Belle épreuve.

DURER (Albert)

195× **179** — Adam et Eve (B., 1). Très belle épreuve.

125- **180** — La Passion de Jésus-Christ. Suite de seize estampes (B., 3-18). Superbes épreuves.

110 **181** — La Vierge à la poire (B.-41). Superbe épreuve.

80× **182** — La Sainte Famille au papillon (B., 44). Superbe épreuve.

61× **183** — Saint Jérôme dans sa cellule (B., 60). Très belle épreuve.

8- **184** — Saint Jérôme en pénitence (B., 61). Superbe épreuve.

185 — L'Enlèvement d'Amymone (B., 71). Superbe épreuve.

38× **186** — La Grande Fortune (B., 77). Bonne épreuve.

17- **187** — Le Petit Courrier (B., 80). Belle épreuve.

375- **188** — Le Cheval de la Mort (B., 98). Superbe épreuve avec une petite marge.

17-× **189** — Philippe Melanchton (B., 103). Belle épreuve.

112× **190** — Erasme de Rotterdam (B., 107). Superbe épreuve.

12- **191** — Le Combat de saint Michel contre le dragon (B., 72 des gravures sur bois), — Le Supplice des dix mille martyrs de Nicomédie en Bythinie (B., 117). Deux pièces. Belles épreuves.

DYCK (d'après Ant.)

5- **192** — *Bazan* (Don Alvar de), — *Gerbier* (Balthazar), — *Tuldenus* (Diodorus), — *Halmalius* (Paulus), — *Rombouts* (Theodorus). Cinq portraits par Pontius, P. de Jode. Bonnes épreuves.

EDELINCK (Gérard)

21× **193** — Jean de la Fontaine, d'après Rigaud (R. D., 230). Très belle épreuve.

FALCK (J.)

194 — La Nativité, — L'Adoration des bergers, — La Présentation au temple. Trois pièces du cabinet Reynst. Superbes épreuves avant la lettre.

195 — La Vierge, l'Enfant Jésus et sainte Anne, — Le Mariage mystique de sainte Catherine, — Le Portement de croix. Trois pièces du cabinet Reynst. Superbes épreuves avant la lettre.

196 — Saint en extase, — Saint endormi, — La Prédication de saint Jean-Baptiste. Trois pièces. Très belles épreuves avant la lettre.

197 — La Forge de Vulcain, — La Poésie, — la Reine Sémiramis, — le Concert. Quatre pièces. Très belles épreuves avant la lettre.

198 — Les Saisons. Suite de quatre pièces in-folio en hauteur. Très belles épreuves.

199 — La Vieille Courtisane à sa toilette, d'après Lys. In-folio. Très belle épreuve.

200 — L'Hiver (deux compositions différentes),—Le Marchand de poissons. Trois pièces. Belles épreuves.

201 — *Adolphe-Johann*, prince palatin. In-fol. Très belle épreuve.

202 — *Anne d'Autriche*, reine de France, d'après Juste d'Egmont. In-fol. Très belle épreuve.

203 — *Brahé* (P.), comte de Wisingsborg. In-fol. Superbe épreuve.

204 — *Brandebourg* (Frédéric-Guillaume, marquis de). In-fol. Très belle épreuve.

205 — *Buzenin Pstrokonski* (Stanislas de), d'après Danckers. In-fol. Belle épreuve.

206 — *Charles-Ferdinand*, évêque. In-fol. Très belle épreuve.

FALCK (J.)

— *Charles-Gustave*, roi de Suède. 1654. In-fol. Très belle épreuve.

— *Charles-Gustave*, roi de Suède, d'après D. Beck. In-fol. Très belle épreuve.

— *Christine*, reine de Suède, en Minerve, In-fol. Très belle épreuve.

— *Dilgerus* (Daniel), d'après S. Wagner. In-fol. Superbe épreuve.

— *Douglas* (Rupert), d'après David Beck. In-fol. Très belle épreuve.

— *Gardie* (Pontus de la), général. 1654. In-fol. Superbe épreuve.

— *Gardie* (Jacques de la), comte de Seckoo. In-fol. Très belle épreuve.

— *Gardie* (Gabriel de la), comte de Seckoo, d'après D. Beck. In-fol. Superbe épreuve.

— *Geer* (Louis de), d'après D. Beck. In-fol. Très belle épreuve.

— *Gembicki* (Peter), évêque de Cracovie. In-fol. Superbe épreuve.

— *Hammerstein*, général, d'après David Beck. In-fol. Très belle épreuve.

— *Hammerstein*, général, d'après David Beck. In-fol. Superbe épreuve.

— *Hevelius* (Jean), astronome, d'après Helmich à Iwenhusen. In-fol. Très belle épreuve.

— *Horn* (Gustave), comte de Biornebourg, d'après D. Beck. In-fol. Belle épreuve.

— *Ivenhusen*, peintre. In-fol. Très belle épreuve.

— *Kœnigsmark* (Christian), comte de Westerwick, d'après D. Beck. In-fol. Superbe épreuve.

FALCK (J.)

33 223 — *Leszno Lescynski* (Andreas de), évêque de Kaminink. In-fol. Superbe épreuve avant l'adresse de Forsterus.

224 — *Lilio* (Axel), sénateur du royaume de Suède, d'après David Beck. In-fol. Superbe épreuve.

225 — Le même portrait. Très belle épreuve.

226 — *Louis XIII*, roi de France, d'après Juste d'Egmont. In-fol. Très belle épreuve.

227 — *Mochingerus*, peintre, d'après Ad. Boy. In-fol. Très belle épreuve.

228 — *Mogor* (Il gran), d'après Claude Vignon. In-4. Belle épreuve.

229 — *Müller* (Johannes), d'après Dittmaers. In-fol. Superbe épreuve.

230 — *Oxenstiern* (Gabriel-B.-F.), d'après David Beck. In-fol. Superbe épreuve.

231 — *Oxenstiern* (Axel, comte d'), d'après David Beck. In-fol. Superbe épreuve.

232 — *Przylech* (Achatius de), d'après D. Schultz. In-fol. Très belle épreuve.

233 — *Radzivil* (Boguslaus), d'après D. Schultz. In-fol. Superbe épreuve.

234 — *Spigelius* (Adrianus). In-fol. Très belle épreuve avec le texte au verso.

235 — *Torstenson* (Leonhard), d'après D. Beck. In-fol. Belle épreuve.

236 — *Vladislaus IV*, roi de Pologne. In-fol. Très belle épreuve.

237 — *Vladislaus IV*, roi de Pologne. In-fol. Très belle épreuve.

238 — *Wittenberg* (Arfwed), comte de Neuburg, d'après D. Beck. In-fol. Superbe épreuve.

239 — *Wolich* (Ulrich), d'après Ditmaers. In-fol. Très belle épreuve, marge.

FLIPART

240 — L'Espagnol, — Le Baiser napolitain. Deux pièces d'après Carême et Grimou. Belles épreuves.

FREY (J. DE)

241 — Vieillard à barbe carrée et calotte, d'après Rembrandt. Superbe épreuve avant la lettre.

FREUDEBERG (d'après S.)

242 — Les Adieux du laboureur, — Le Musicien du hameau. Deux pièces faisant pendants, gravées par Triere. Superbes épreuves. Toutes marges.

243 — La Complaisance maternelle, par N. De Launay. Superbe épreuve avant la dédicace. Toute marge.

244 — Le petit jour, par N. De Launay. Superbe épreuve avec marge.

GAUCHER (CH.-ÉT.)

245 — *Du Barry* (Madame la Comtesse), d'après Drouais. In-8. Très belle épreuve avec la date 1770.

246 — *Leczinska* (Marie), reine de France, d'après Nattier. Très belle épreuve avant le texte au verso.

247 — *Rousseau* (Jean-Jacques), d'après Vécharigi. In-4. Belle épreuve.

GELLÉE (CLAUDE)

248 — La Fuite en Égypte (R. D., 1). Très belle épreuve du premier état.

249 — Le Passage du Gué (R. D., 3). Belle épreuve.

250 — Le Naufrage (R. D., 7). Belle épreuve, marge.

251 — Scène de Brigands (R. D., 12). Belle épreuve.

252 — Scène de Brigands (R. D., 12). Très belle épreuve du troisième état.

253 — Le Port de mer à la grosse tour (R. D., 13). Belle épreuve.

GELLÉE (Claude)

234 — Le Pont de bois (R. D., 14). Belle épreuve.

255 — Mercure et Argus (R. D., 17). Très belle épreuve du premier état.

256 — Le Temps, Apollon et les Saisons (R. D., 20). Belle épreuve.

257 — Berger et Bergère conversant (R. D., 21). Belle épreuve.

258 — La Danse villageoise (R. D., 24). Belle épreuve.

259 — La Tempête. — Le Port de mer au fanal. — La Danse sous les arbres. — Le Port de mer à la grosse tour. — Le Campo vaccino. Cinq pièces. Bonnes épreuves.

GÉRARD (d'après Mlle)

260 — Les Regrets mérités, par N. de Launay. Superbe épreuve avant la lettre, grande marge.

GOYA (F.)

261 — Æsopus, — Barbarroxa. — Nains de Philippe IV. Quatre pièces, d'après Velasquez. Belles épreuves.

GRASSI (d'après)

262 — *Kosciuszko* (Thadeus), général en chef des armées polonaises, gravé par C. Iosi. In-fol. Superbe épreuve, avec marge.

263 — *Lichnowski* (Christiane, princesse), gravé par C. Pfeiffer. In-fol. Superbe épreuve, avec marge.

264 — *Liechtenstein* (Madame la princesse de), gravé par C. Pfeiffer. In-fol. Superbe épreuve, avec marge.

GREUZE (d'après J.-B.)

265 — *Greuze* (J.-B.), gravé par Flipart. Très belle épreuve.

266 — La Blanchisseuse, — L'Écureuse. Deux pièces, gravées par Danzel et Beauvarlet.

GREUZE (d'après J.-B.)

8 — 267 — Les Écosseuses de pois, par P. Le Bas. Superbe épreuve avant toute lettre, marge.

26 — 268 — Les Fermiers brûlés, par A. L. de Lalive. Belle épreuve.

269 — Invocation à l'Amour, par C.-F. Macret. Superbe épreuve avant la lettre, grande marge.

10 — 270 — La Jeune Nourrice, — La Petite Mère, — La Frileuse, — La Fleuriste. Suite de quatre pièces gravées par F.-A. Moitte. Belles épreuves.

11 — 271 — La Laitière, par J.-C. Le Vasseur. Très belle épreuve.

6 — 272 — La Lecture de la Bible, — L'Aveugle trompé. Deux pièces gravées par Cars et Martenasie. Belles épreuves.

2 — 273 — *Lenoir*, lieutenant de police, par Chevillet. In-fol. Très belle épreuve.

274 — Lubin. — Retour sur soi-même. Deux pièces gravées par L. Binet. Très belles épreuves, marges.

275 — La Maman. — La Grand'Maman. Deux pièces gravées par Binet. Belles épreuves.

10 — 276 — L'Oiseau mort, — La Rêveuse. Deux pièces gravées par Flipart et Ingouf. Belles épreuves.

277 — La Paresseuse, par P.-E. Moitte. Très belle épreuve, marge.

278 — La Petite Fille au chien, par Porporati. Très belle épreuve.

279 — Le Petit Boudeur, — La Jeunesse studieuse, — Le Petit Polisson. Trois pièces gravées par Guttenberg et Le Vasseur. Belles épreuves.

280 — Retour de nourrice, par Hubert. Très belle épreuve, marge.

281 — La Servante congédiée, — Le Ramoneur. Deux pièces gravées par Voyez. Belles épreuves.

GREUZE (d'après J.-B.)

282 — La Voluptueuse, par Gaillard. Très belle épreuve.

283 — La Tricoteuse endormie, — Calisto, — La Musique. Trois pièces gravées par Cl. Donat Jardinier, Gaillard et Moitte. Belles épreuves.

GUYS (Constant)

284 — Maison de filles à Naples. Dessin à la plume et lavis d'encre de Chine, signé des initiales et daté de 1870.

HONDIUS (G.)

285 — *Radziwil* (le prince), d'après Daniel Schultz. In-fol. Très belle épreuve.

HOPFER (D.)

286 — Le Centenier perçant d'une lance le corps mort de Jésus-Christ attaché sur la croix (B., 14). Superbe épreuve avant le numéro.

HURET (d'après)

287 — Les Sens. Suite de cinq estampes en hauteur gravées par Ragot. Très belles épreuves.

ISABEY (d'après)

288 — *Potocka* (la comtesse Séverin), gravé par C. Pfeiffer. In-4°. Très belle épreuve.

JOHANNOT (T.)

289 — Suite de dix estampes, dont un portrait de Gœthe, pour illustration de *Faust*. Superbes épreuves avant la lettre, sur chine, tirées de format in-fol.

KLAUBER (J.-S.)

290 — *Stanislas-Auguste*, roi de Pologne, d'après Mme Le Brun. In-fol. Très belle épreuve.

KONINCK (SALOMON)

291 — Buste d'homme (B., 72). Très belle épreuve.

LANDRY (P.)

292 — *Sapieha* (J.-Paul). In-fol. Très belle épreuve, marge.

293 — *Sapieha* (Léon-Casimir). In-fol. Belle épreuve.

LARMESSIN (N. DE)

294 — Marie, princesse de Pologne, reine de France, d'après Vanloo. In-fol. en pied. Très belle épreuve.

LASTMAN (PIERRE)

295 — Judas et Thamar. Superbe épreuve. Rare.

LE BEAU

296 — *Marie-Antoinette*, dauphine de France. In-4°. Très belle épreuve, marge.

LEPRINCE (d'après)

297 — Les Modèles, par de Longueil. Superbe épreuve avant toute lettre.

LEU (TH. DE)

298 — Sept pièces de la suite des Sibylles. Très belles épreuves.

LEYDE (LUCAS DE)

299 — Loth enivré par ses deux filles (B., 16). Très belle épreuve.

300 — Joseph interprétant les songes de Pharaon (B., 23). Très belle épreuve.

301 — David jouant de la harpe devant Saül (B., 27). Bonne épreuve.

302 — Esther devant Assuérus (B., 31). Belle épreuve.

303 — L'Adoration des mages (B., 37). Très belle épreuve.

LEYDE (Lucas de)

304 — Saint Pierre et saint Paul (B., 106). Très belle épreuve.

305 — La Vieille avec la grappe de raisin (B., 151). Très belle épreuve.

LIVENS (Jean)

306 — Buste d'un Oriental (B., 34. — Cl., 34). Très belle épreuve.

LOUTHERBOURG et COCHIN

307 — Tranquillité champêtre, — Rebecca à la fontaine, d'après Bertin. Deux pièces. Belles épreuves.

MABUSE (Jean de)

308 — Le Christ bafoué (Pass., tome III, p. 23, n° 1). Superbe épreuve du premier état, plus la contre-épreuve de la même pièce.

MAITRE AU MONOGRAMME B. H. A. D.

309 — Le Jugement de Salomon (B., 1, tome IX, p. 51). Superbe épreuve. Rare.

MAITRE AU MONOGRAMME C. G.

310 — Les Planètes. Suite de sept estampes (B. 1-7, tome IX, p. 16). Très belles épreuves. Rares.

MAITRE AU MONOGRAMME H. S.

311 — Le Groupe des quatre femmes nues (B., 5, tome VI, p. 386). Très belle épreuve.

MAITRE AU MONOGRAMME J. G.

312 — La Vierge assise sur un autel (B., 5, tome IX, p. 143). Très belle épreuve.

MAITRE AU MONOGRAMME P. V. L.

313 — Le Maître de la vigne de l'Évangile (B., 1). Très belle épreuve.

MAITRE AU MONOGRAMME R.

314 — Panneau d'ornement (B., 1, tome VIII, p. 541). Très belle épreuve.

MAITRE AU MONOGRAMME S. G.

315 — Le Porte-enseigne (B., 2, tome VIII, p. 9). Superbe épreuve. *B. uh*

MAITRE AU MONOGRAMME V. G.

316 — Triomphe de Bacchus (B., 3, tome IX, p. 23). Très belle épreuve. Rare.

MAITRE AU MONOGRAMME W.

317 — Vignettes (B., 5, 8 et 9, tome IX, p. 53). Trois pièces. Superbes épreuves. *B. at*

MARCENAY DE GUY (Antoine de)

318 — *Marie-Antoinette*, princesse royale de Pologne, d'après elle-mêms. In-4. Belle épreuve.

319 — Le Maréchal de Saxe, — Turenne, — Charles V, — De Thou, — Charles Ier. Cinq portraits in-8. Belles épreuves.

320 — *Saxe* (le Maréchal de), — La Dame à la plume, d'après Rembrandt, — Portrait de Rembrandt, d'après lui-même. Trois pièces in-8. Belles épreuves.

DE MARCENAY et DE FREY

321 — Paysage d'après Vernet, — Vieillard assis dans un fauteuil, — Rabbin assis, — Suzanne et les vieillards. Quatre pièces. Très belles épreuves avant la lettre.

MARILLIER (d'après C.-P.)

322 — Abeilard et Héloïse, par Le Beau. Très belle épreuve.

MARTINI (P.-A.)

323 — Portraits of their Majesty's and the Royal family Viewing the Exhibition of the royal Academy 1789, d'après Ramsay. Très belle épreuve, sans marge.

MATHAM (J.)

324 — Diane, déesse de la Lune, favorisant les amours d'un jeune homme qui va jouer de la guitare sous les fenêtres de sa maîtresse, d'après Goltzius (B., 148). Très belle épreuve.

MATSIS (Corneille)

325 — Suzanne au bain (Pass., 81). Très belle épreuve.

MELLAN (Cl.)

326 — La Mort d'Adonis, — Frontispice pour l'*Imitation de Jésus-Christ*. Deux pièces.

327 — *Orléans* (Louis d'), d'après Ziarnko. In-folio. Belle épreuve.

MIGER

328 — Portraits de princes et princesses de la famille des Bourbons. Huit pièces in-4. Belles épreuves.

MONNET (d'après C.)

329 — Le Roi d'Éthiopie abusant de son pouvoir, par Vidal. Très belle épreuve.

330 — Salmacis et Hermaphrodite, par Vidal. Très belle épreuve.

MOREAU (d'après J.-M.)

331 — Couronnement de Voltaire sur le Théâtre-Français, le 30 mars 1778, après la sixième représentation d'*Irène*. Très belle épreuve avec les armes.

MULLER (H.-C.)

332 — *Tasso* (T.), d'après Deveria. In-8. Très belle épreuve avant toute lettre.

NATTIER (d'après J.-M.)

333 — Madame Louise-Elisabeth de France, duchesse de Parme (la Terre), — Madame Marie-Louise-Thérèse-Victoire de France (l'Eau). Deux portraits gravés par Balechou et Gaillard. Très belles épreuves.

NELLI (N.)

3 — 334 — *Sigismond-Auguste*, roi de Pologne. In-4. Très belle épreuve.

NILSON (J.-E.)

6 — 335 — Portraits allemands représentés dans des médaillons entourés d'ornements. Dix-neuf pièces. *Hug. J.*

NORBLIN

8 — 336 — Son œuvre en quatre-vingts pièces gravées à l'eau-forte. Très belles épreuves.

OSTADE (A. Van)

337 — Portrait d'Ostade gravé à la manière noire, par J. Gole, — Paysan sonnant du cor (B., 7), — La Cruche vide (B., 15). — Gueux debout les mains derrière le dos (B., 21). Deux épreuves. — Les Trois figures grotesques (B., 28). Deux épreuves, — L'Homme conversant avec la femme (B., 37), — Le joueur de violon bossu (B., 44), — Le Violon et le petit vielleur (B., 45). — Le Charcutier. Onze pièces. Belles épreuves. *Hug. A*

PASQUIER et MONTCORNET

338 — Marie-Éléonore, reine de Suède, — Le P. Élisée. Deux portraits in-8. *Hug. C*

PASSE (Crispin de)

339 — Les Sens. Suite de cinq pièces de forme ronde. Belles épreuves. *Gu*

340 — La Musique. — Le Toucher, etc. Quatre pièces. Très belles épreuves.

341 — *Sigismond III*, roy de Pologne. In-8. Très belle épreuve, marge.

PENCZ (G.)

342 — Abraham caressant Agar (B., 6). Superbe épreuve.

343 — Joseph résiste aux sollicitations de la femme de Putiphar (B., 12). Très belle épreuve.

344 — Les Filles de Loth enivrant leur père (B., 20). Superbe
épreuve.

345 — Suzanne surprise dans le bain par les deux vieillards
(B., 27), — Jésus-Christ tenté par le démon (B., 39).
Deux pièces. Belles épreuves.

346 — La Parabole du père de famille qui envoie des ouvriers
travailler à sa vigne (B., 36), — Loger les Pèlerins (B.,
62). Deux pièces. Belles épreuves.

347 — Thomiris, — Médée (B., 70 et 71). Deux pièces. Très
belles épreuves.

348 — Virginius (B., 84). Très belle épreuve.

349 — Deux sujets d'un conte d'Albert d'Eyb (B., 87-88).
Belles épreuves.

350 — Triton enlevant Amymone (B., 93). Très belle épreuve.

351 — L'Avarice (B., 99). Très belle épreuve.

PITTERI (Marcus)

352 — Saint en extase, d'après Piazzetta. Belle épreuve.

PLONSKI

353 — Partie de son œuvre gravé à l'eau-forte et estampes
gravées d'après ses dessins. Vingt-trois pièces.

PRUD'HON (P.-P.)

354 — Une famille malheureuse. Très belle épreuve du premier état.

PRUD'HON (d'après P.-P.)

355 — Triomphe de l'Empereur, par B. Roger. Très belle
356 épreuve.

PRUD'HON (d'après P.-P.)

356 — Daphnis et Chloé, par Lecomte. — Le Sommeil, par Flameng. Deux pièces.

QUEVERDO (d'après)

357 — Le Levé de la mariée, par Dambrun. Très belle épreuve.

REMBRANDT (P. Van Rijn)

358 — Adam et Eve (B., 28. — Cl., 34). Belle épreuve.

359 — Joseph et la femme de Putiphar (B., 39. — Cl., 43). Belle épreuve.

360 — L'Adoration des Bergers (B., 46. — Cl., 50). Très belle épreuve.

361 — La Circoncision (B., 48. — Cl., 52). Très belle épreuve.

362 — Fuite en Egypte (B., 53. — Cl., 57). Très belle épreuve du second état.

363 — La Vierge et l'enfant Jésus sur des nuages (B., 61. — Cl., 65). Très belle épreuve.

364 — Jésus-Christ au milieu des docteurs (B., 66. — Cl., 70). Très belle épreuve.

365 — Jésus-Christ chassant les vendeurs du temple (B., 69. — Cl., 73). Très belle épreuve du premier état.

366 — La Samaritaine (B., 71. — Cl. 75). Belle épreuve.

367 — La Samaritaine (B., 71. — Cl., 75). Belle épreuve.

368 — La Petite Résurrection de Lazare (B., 72. — Cl. 76). Belle épreuve.

369 — Jésus-Christ en croix entre les deux larrons (B., 79. — Cl., 84). Très belle épreuve avec marge.

370 — Le Transport de Jésus-Christ au tombeau (B, 84. — Cl., 88). Belle épreuve.

REMBRANDT (P. Van Rijn)

371 — Le retour de l'enfant prodigue (B., 91. — Cl., 95).
Très belle épreuve.

372 — La Décollation de saint Jean-Baptiste (B., 92. — Cl.,
96). Deux très belles épreuves.

373 — Pierre et Jean à la porte du temple (B., 94. — Cl., 97).
Belle épreuve.

374 — Pierre et Jean à la porte du temple (B., 94. — Cl., 97).
Belle épreuve.

375 — Le Martyre de saint Etienne (B., 97. — Cl., 100). Belle
épreuve.

376 — La Fortune contraire (B., 111. — Cl., 113). Très
belle épreuve, avant l'inscription au verso.

377 — Chasse aux lions (B., 115. — Cl., 117). Très belle
épreuve, signée au verso : P. Mariette, 1679.

378 — Le Charlatan (B., 129. — Cl., 130). Superbe épreuve.

379 — Aveugle jouant du violon (B., 138. — Cl., 137).
Superbe épreuve.

380 — Figure polonaise (B., 140. — Cl., 139). Très belle
épreuve.

381 — Homme méditant (B., 148. — Cl., 145). Très belle
épreuve.

382 — La femme à la calebasse (B, 168. — Cl., 165).
Superbe épreuve. Collection Robert-Dumesnil.

383 — Deux gueux en pendants (B., 177-178. — Cl, 174-
175). Très belles épreuves.

384 — Mendiants à la porte d'une maison (B., 176. — Cl.,
173). Belle épreuve.

385 — Mendiants à la porte d'une maison. (B., 176. — Cl.,
173). Très belle épreuve.

386 — Gueux estropié (B., 179. — Cl., 176). Belle épreuve.

REMBRANDT (P. Van Rijn)

387 — L'Espiègle (B., 188. — Cl., 185). Très belle épreuve.

388 — Les Baigneurs (B., 195. — Cl., 192). Belle épreuve.

389 — Le Canal avec les cygnes (B., 235. — Cl., 232). Très belle épreuve portant au verso la signature de P. Mariette, 1676.

390 — Homme sous une treille (B., 257. — Cl., 254). Très belle épreuve.

391 — Faustus (le docteur) (B., 270. — Cl., 267). Bonne épreuve.

392 — Frans (Abraham) (B., 273. — Cl., 270). Belle épreuve.

393 — Le jeune Haaring (B., 275. — Cl., 272). Bonne épreuve de la planche coupée.

394 — Lutma (Jean), orfèvre (B., 266. — Cl., 273). Bonne épreuve.

395 — Asselyn (Jean), peintre (B., 277. — Cl., 274), Très belle épreuve.

396 — Wtenbogardus, ministre hollandais (B., 279. — Cl., 276). Belle épreuve.

397 — Vieillard à grande barbe (B., 290. — Cl., 287). Très belle épreuve.

398 — Vieillard chauve à barbe courte (B., 306. — Cl., 302). Belle épreuve avec marge.

399 — Homme à moustaches et grand bonnet (B., 331. — Cl., 314). Belle épreuve.

400 — La Liseuse (B., 345. — Cl., 335). Très belle épreuve du premier état.

401 — La Petite Mariée juive (B., 342. — Cl., 332). Très belle épreuve.

402 — Buste de la mère de Rembrandt (B., 349. — Cl., 339). Belle épreuve.

REMBRANDT (P. VAN RIJN)

403 — La Mauresse blanche (B., 357. — Cl., 347). Très belle
épreuve.

404 — Griffonnements où se voit la tête de Rembrandt, très
finie (B., 363. — Cl. 353). Très belle épreuve.

405 — Trois têtes de femmes, dont une qui dort (B., 368. —
Cl. 358). Très belle épreuve.

REMBRANDT (d'après)

406 — Leçon d'anatomie, — La Sainte Famille, — Le vieillard atrabilaire, etc. Quatre pièces gravées par De Frey,
de Marcenay, etc.

REVERDINO (G.)

407 — Vulcain surprenant Mars et Vénus (B., 19). Très belle
épreuve.

ROGER (B.)

408 — *Maintenon* (Mme de), — *Delille* (Jacques), — Le Tasse.
Quatre portraits. Belles épreuves.

RUBENS (d'après)

409 — Portrait de l'empereur Charles V, sans nom de graveur, d'après Titien. In-fol. Très belle épreuve.

SAINT-AUBIN (AUG. DE)

410 — *Ciceron*, — Mlle de *La Vallière*, — *Catherine II*, —
Montaigne, — *Montesquieu*. Trois portraits différents.
Sept pièces dont plusieurs avant la lettre.

SART (CORNEILLE DU)

411 — La Fête de village (B., 16). Superbe épreuve.

SAVART (P.)

412 — *Rabelais* (Fr.), d'après Sarrabat. Très belle épreuve,
marge.

SCHALCKEN (G.)

413 — Portrait de Gérard Dow. Très belle épreuve du premier état, avant que l'ovale ait été coupé de chaque côté.

SCHMIDT (G.-F.)

414 — Le prince de Gueldre menaçant son père, d'après Rembrandt (137). Très belle épreuve.

415 — Portrait de Schmidt dessinant, dit à l'araignée (J. 141). Très belle épreuve du premier état avant les contretailles sur l'épaisseur du mur de la fenêtre, près du baromètre.

SCHONGAUER (MARTIN)

416 — L'Ange de l'Annonciation (B., 1). Très belle épreuve.

417 — Jésus-Christ en jardinier apparaissant à Madeleine (B., 26). Superbe épreuve.

418 — Dieu couronnant la sainte Vierge (B., 72). Très belle épreuve.

SCHUTZ (d'après)

419 — Tableaux des événements les plus mémorables de la guerre actuelle des Autrichiens et des Russes contre les Turcs et des places turques qui en ont été le théâtre; dans une suite d'estampes gravées et enluminées avec le plus grand soin, d'après des dessins originaux pris sur les lieux. A Bâle chez Chrétien de Méchel, 1789. Sept pièces dont un titre.

SOLIS (V.)

420 — Julius Cesar (B., 59), — Hector von Droi (57). — Armoiries (B., 552). Trois pièces. Très belles épreuves.

421 — Les quatre Saisons de l'année (B., 133-136). Belles épreuves des copies.

422 — Des Ivrognes à table. Copie du numéro 258 de Bartsch.

STAR (THIERY VAN)

109. 423 — Saint marchant sur l'eau. 1525 (B., 4). Superbe
épreuve.

36 424 — Jésus-Christ tenté par le démon. 1525 (B., 5). Superbe
épreuve.

50 425 — Jésus-Christ tenté par le démon. 1525 (B., 5). Superbe
épreuve avec une grande marge.

118 × 426 — Saint Bernard. 1524 (B., 8). Superbe épreuve. Rare.

ULIET (JEAN VAN)

11 × 427 — Loth et ses filles, d'après Rembrandt (B., 1. — Cl., 1).
Très belle épreuve.

VELDE (ADRIEN VAN)

9-50 × 428 — La Brebis (B., 14). Très belle épreuve.

VISSCHER (C.)

5-50 429 — Suzanne et les vieillards, d'après le Guide (Dutuit, 3).
— La sainte Vierge et l'Enfant Jésus, d'après le Titien
(4). — La sainte Famille dans un paysage, d'après Pal-
ma (6). Trois pièces. Très belles épreuves avant la lettre.

430 — Buste de jeune femme, d'après le Parmesan. Très belle
épreuve avant la lettre.

VISSCHER (JEAN)

2 × 431 — Le Tâtonneur, d'après Ostade. Très belle épreuve avant
la lettre.

VORSTERMAN (L.)

4. 432 — *Opalenski* (Christophe, comte). In-fol. Belle épreuve.

WALKER (J.)

20 433 — *Catherine II*, impératrice de Russie, d'après Scheba-
noff. In-fol. en manière noire. Très belle épreuve.

WATTEAU (d'après ANT.)

2-50 434 — Les Agremens de l'esté, par de Favanes. Très belle
épreuv.

WATTEAU (d'après Ant.)

435 — Diane au bain, par P. Aveline. Belle épreuve.

WIERIX (H.)

436 — Sainte Barbe. — Le mariage mystique de sainte Catherine. Deux pièces.

437 — La mise au tombeau, d'après Martin de Vos. Superbe épreuve.

ZUCCHI (L.)

438 — *Silvestre* (Louis de), d'après A. Pesne. In-fol. Belle épreuve.

LIVRES

439 — **Histoire** de l'art égyptien d'après les monuments depuis les temps les plus reculés jusqu'à la domination romaine, par Prisse d'Avennes, ouvrage publié sous les auspices du gouvernement. Paris, Arthur Bertrand. 1873. In-fol. en livraisons.

440 — **Le Musée** impérial du Louvre. Ecoles hollandaise, italienne, flamande, allemande, française, espagnole, statues et bas-reliefs exécutés au burin par les sommités contemporaines de la gravure. Paris, chez P. Danlos aîné. 1865. 8 vol. in-fol., demi-rel. mar. vert, dos et coins.

Imprimerie D. Dumoulin et Cie, à Paris.

IMPRIMERIE D. DUMOULIN ET C⁰

Rue des Grands-Augustins, 5, à Paris.

www.ingramcontent.com/pod-product-compliance
Lightning Source LLC
LaVergne TN
LVHW020444060726
842525LV00005B/1534